VOYAGE

PITTORESQUE

A L'ILE-DE-FRANCE,

AU CAP DE BONNE-ESPÉRANCE,

ET

A L'ILE DE TÉNÉRIFFE.

VOYAGE

PITTORESQUE

A L'ILE-DE-FRANCE,

AU CAP DE BONNE-ESPÉRANCE,

ET

A L'ILE DE TÉNÉRIFFE;

Par M. J. MILBERT,

Peintre embarqué sur la corvette *le Géographe*, et Directeur des gravures de la partie historique du Voyage aux Terres-Australes.

ATLAS.

PARIS,

A. NEPVEU, LIBRAIRE, PASSAGE DES PANORAMAS, N.° 26.

1812.

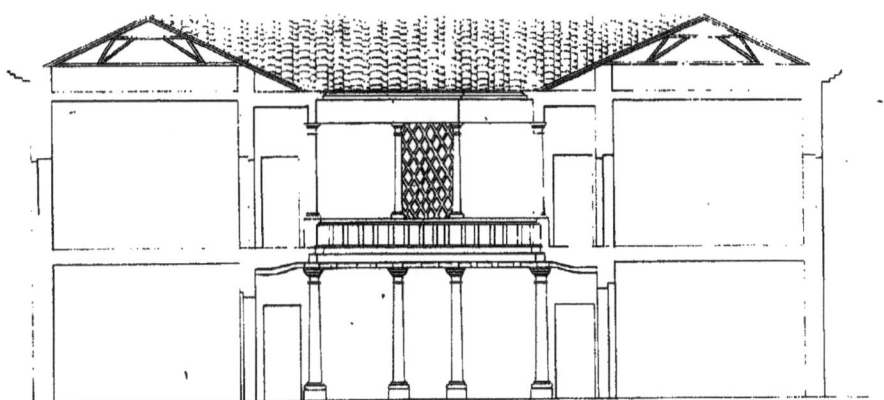

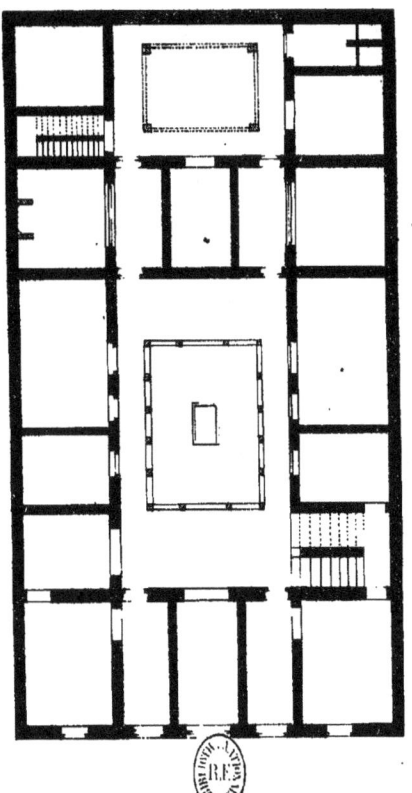

Ténériffe.

Plan et Coupe d'une Maison de la Ville de S.ᵗᵉ Croix.

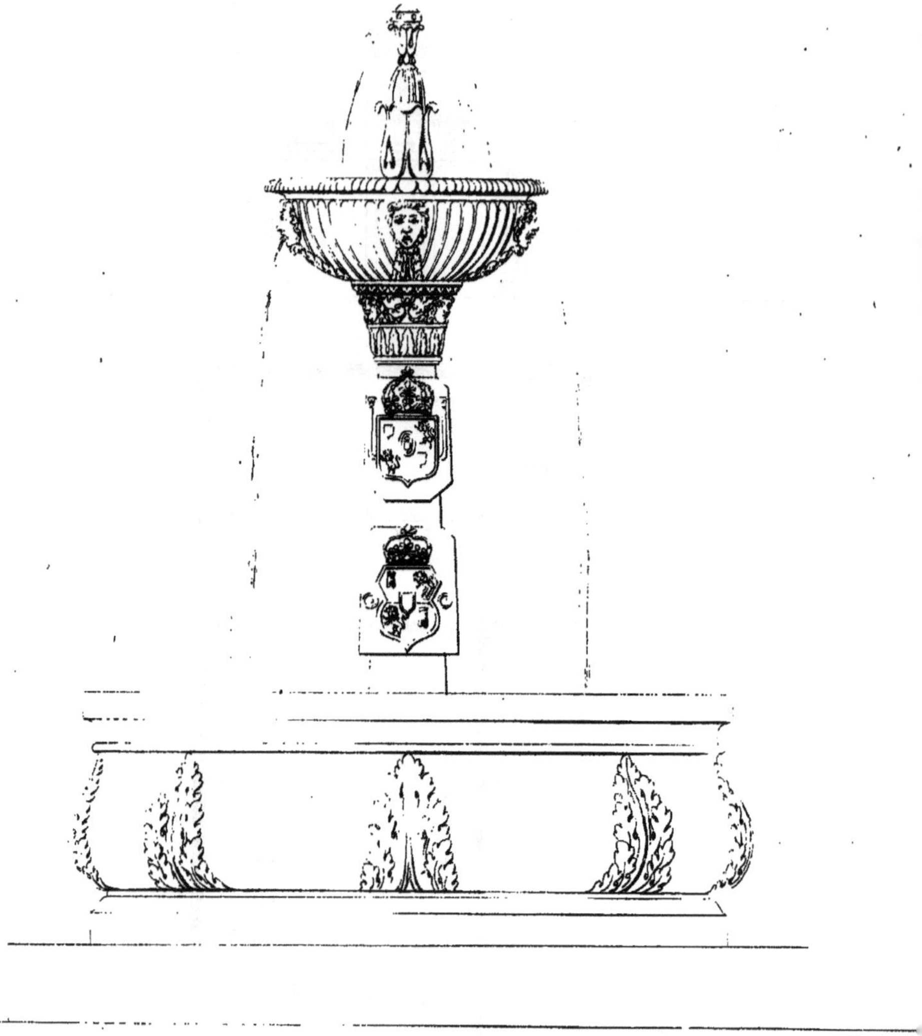

Le Brun del.

Testard sculp.

Ténériffe.

Fontaine en lave située sur la Grande Place de la Ville de Ste Croix.

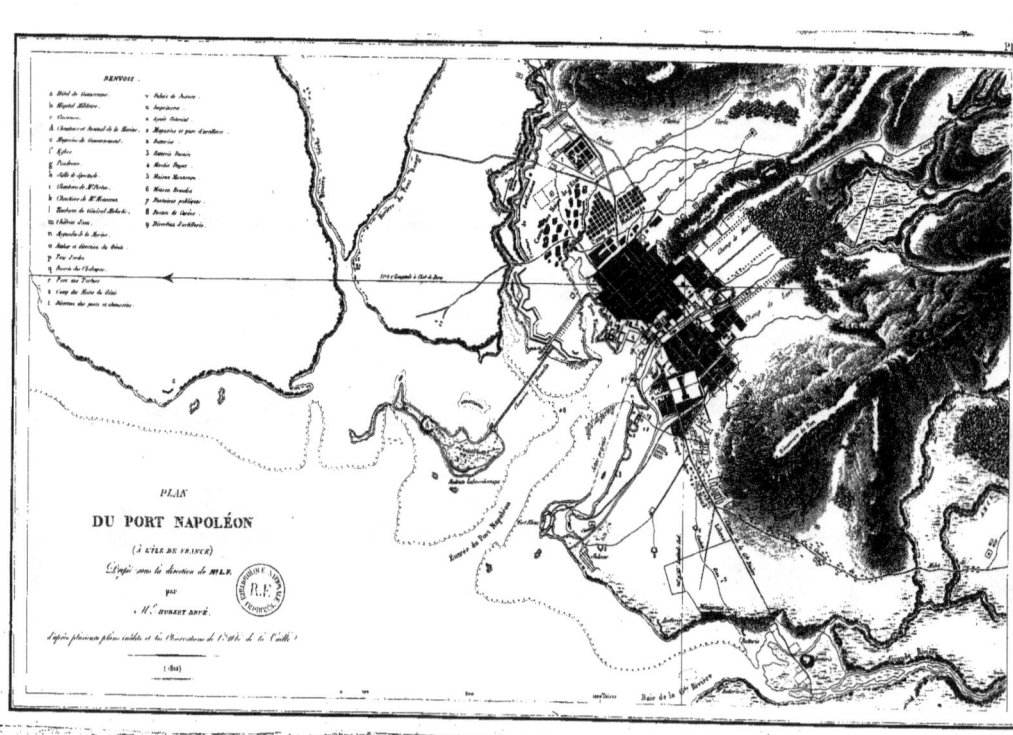

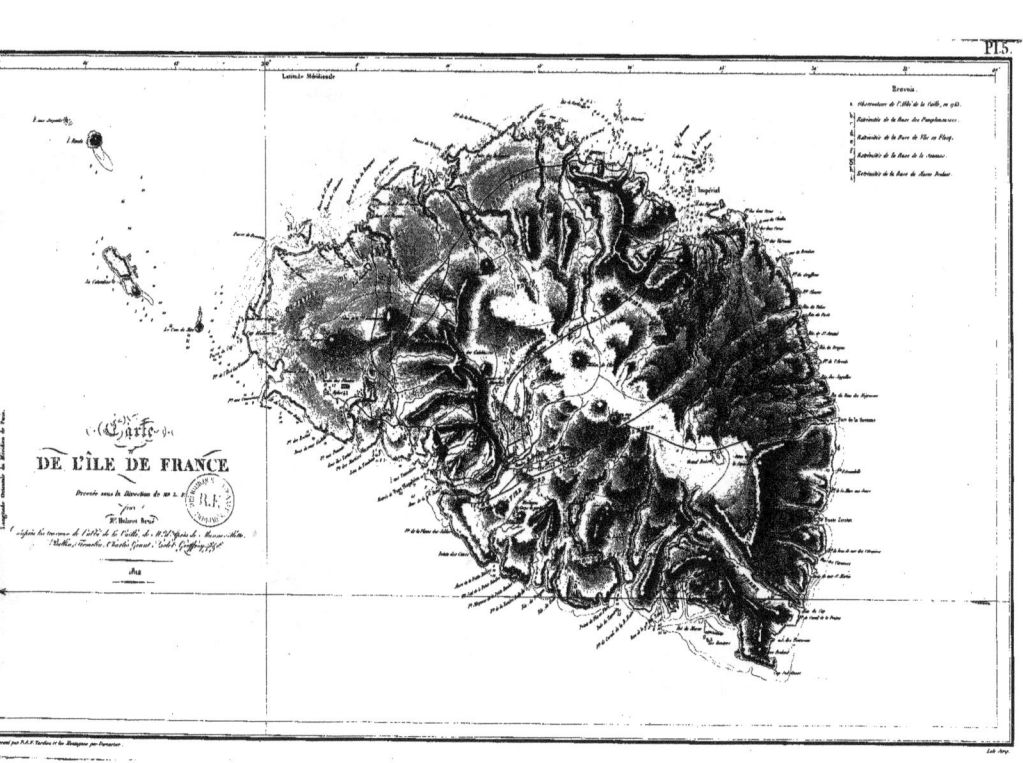

Île-de-France.
Vue du Trou Fanfaron, au Port-Napoléon.

Île-de-France.
Porte d'entrée de la ville du Port Napoléon.

8.

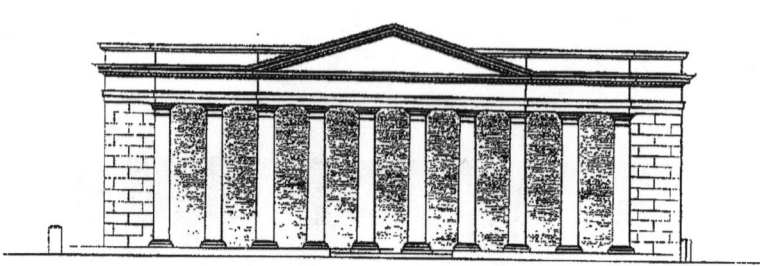

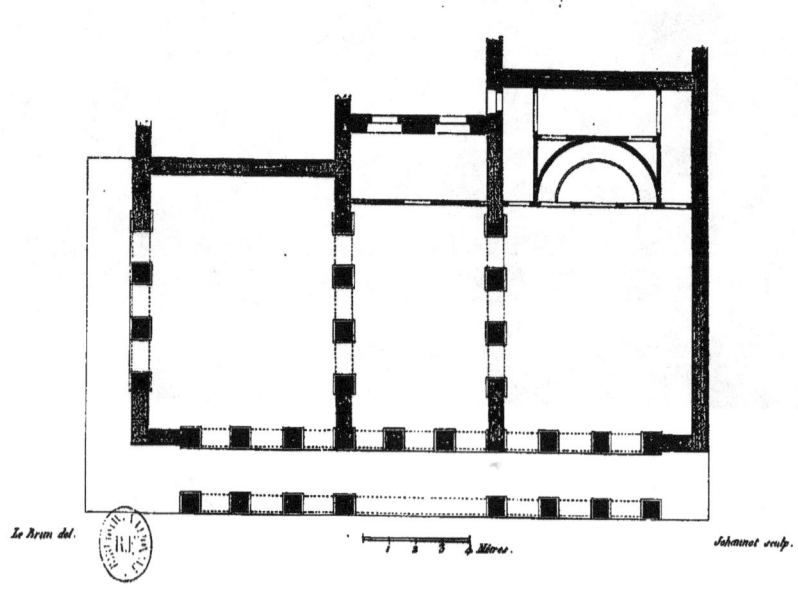

Île-de-France.

Élévation et Plan de la Bourse de la Ville du Port-Napoléon.

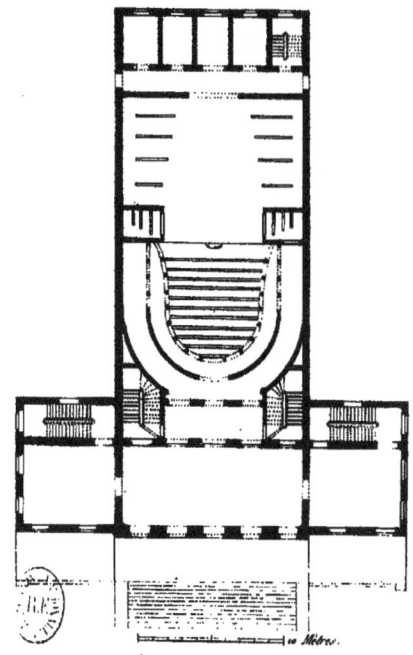

Île-de-France.

Élévation et Plan de la Salle de Spectacle de la ville du Port-Napoléon.

Île-de-France.

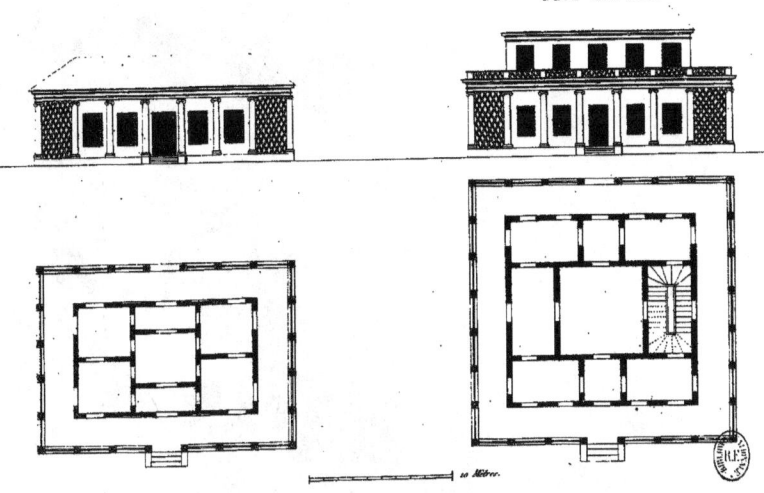

Ile-de-France.

Élévations et Plans de Maisons de la Ville du Port Napoléon.

Île-de-France.
Vue de la Montagne du Pouce et d'un défriché.

Île-de-France.
Vue des Plaines de Wilhems, prise à la base de la Montagne du Pouce.

Île-de-France.
Vue prise dans les Bois de la Montagne du Pouce.

Île-de-France.
Vue de l'habitation de Mr C.^r au bas de la rempe de Moka.

Île-de-France.
Vue des Bambous de la Rivière des Amans.

Île-de-France.

Vue de la Grande Cascade du Réduit.

Ile-de-France.
Vue des Cascades de la Rivière du Ménil.

Île-de-France.
Vue prise dans l'intérieur des forêts.

Ile-de-France.
Vue de l'Habitation de Mr Roussel.

Île-de-France.
Aqueduc de la Grande Rivière du Port-Napoléon.

Île-de-France.
Pont de la Grande Rivière du Port Napoléon.

Île-de-France.

Grande Rivière et Montagne du Corps de Garde.

Île-de-France.
Vue sur la Montagne des Calbasses.

Île-de-France.
Vue de la Montagne de Pieter Bot et d'une Sucrerie.

Île de France.
Église des Pamplemousses.

Île-de-France
Vue du Jardin des Pamplemousses.

Île-de-France.
Vue de l'habitation de M.r Céré aux Pamplemousses.

Île-de-France.
Vue de la Montagne de Pieter Bot.

Île-de-France.
Vue du Grand Chemin des Pamplemousses.

Île-de-France.
Vue d'un côté des Trois Mamelles.

Île-de-France
Vue Générale des Trois Mamelles.

Île-de-France.

Cascade du Tamarin.

Île-de-France.
Environ de l'habitation de M.me Querivel.

Île-de-France.
Habitation de M.me Querivel.

Île-de-France.
Moulin d'Ayot dans l'enfoncement de la Montagne du Pouce.

Île-de-France.
Église du Port Napoléon.

Ile-de-France.
Vue de la ville du Port Napoléon prise de la Montagne du Pouce.

Ile de France.
Vue de la Ville du Port Napoléon, prise du fort Blanc

Île-de-France.
Case de Nègre Gardien.

Île-de-France.
Bassin de la Rivière du rendez-vous des Chasseurs.

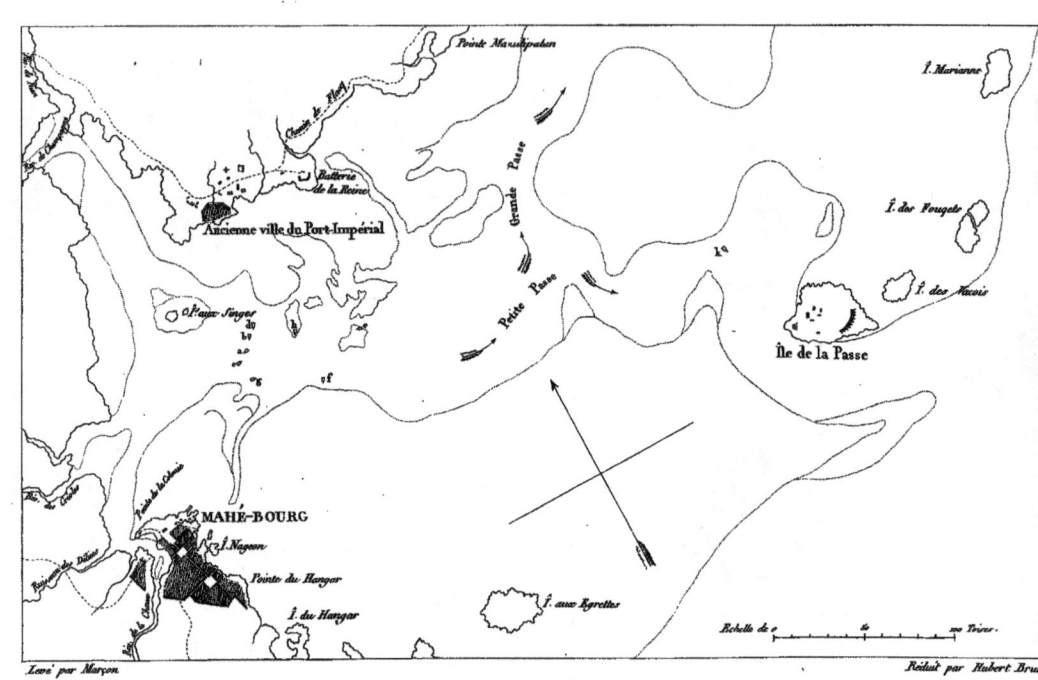

Vue d'une partie du PORT IMPÉRIAL à l'Ile-de-France.
sur lequel on a marqué la position des Frégates Françaises et Anglaises pendant le Combat mémorable du 23 Août 1810.
Voyez le Voyage Pittoresque Tom. II. page 32 et le Moniteur du 18 Décembre 1810.

———— Bâtimens Français ————

a *La Frégate* la Bellonne *Cap.^e* Dupéré *Commandant*
b *La Frégate* la Minerve *Cap.^e* Bouvet
c *La Corvette* le Victor *Cap.^e* Maurice.
d *Le Navire de Compagnie* le Ceylan *prise Anglaise*.

———— Bâtimens Anglais ————

e *La Frégate* le Syrius *Cap.^e* Pym *Commandant*.
f *La Frégate* l'Iphigénie *Cap.^e* Lambert
g *La Frégate* la Néréide *Cap.^e* Wilhougby
h *La Frégate* la Magicienne *Cap.^e* Curtis
k *La Frégate* l'Iphigénie *2.me position*.

VUE DU COMBAT DE L'ÎLE DE LA PASSE.

pendant la Journée du 23 Août 1810.

Cap de Bonne-Espérance.
Vue de la Montagne de la Table.

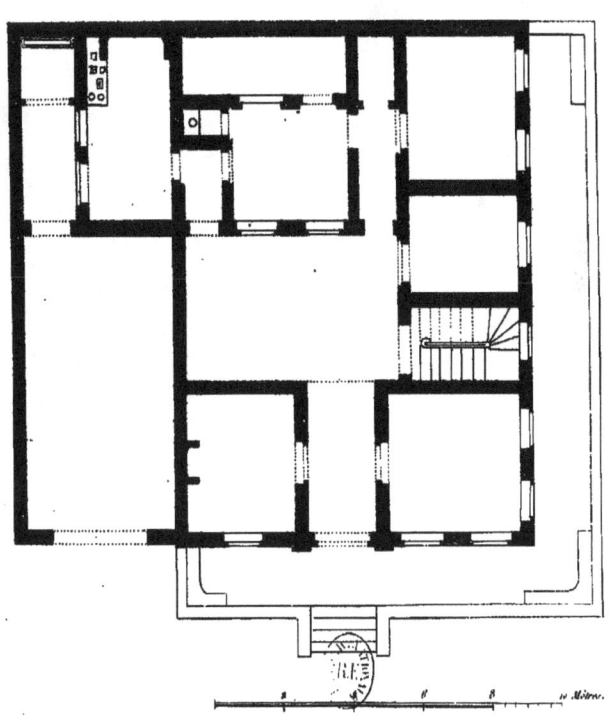

Cap de Bonne-Espérance.
Élévation et Plan d'une Maison de la Ville.

Cap de Bonne-Espérance.
Habitation de M.r Klooet à Constance.

www.ingramcontent.com/pod-product-compliance
Lightning Source LLC
Chambersburg PA
CBHW070709050426
42451CB00008B/563